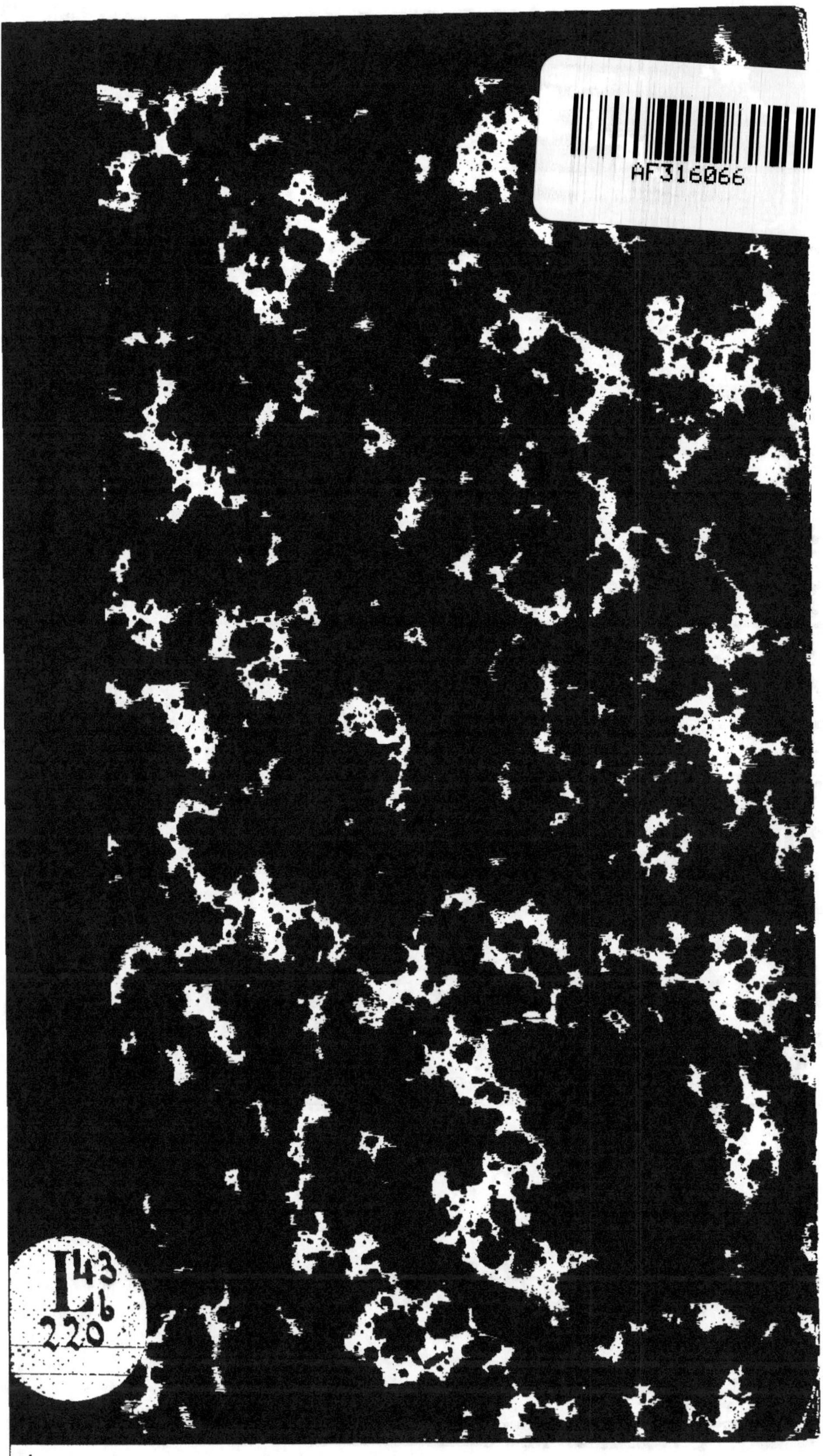

AF316066

43

L.6. 220.

PROFESSION

DE FOI

D'UN FRANÇAIS IMPARTIAL,

SUR DE GRANDS ÉVÉNEMENS.

Vitam impendere vero.

PROFESSION

DE FOI

D'UN FRANÇAIS IMPARTIAL,

SUR DE GRANDS ÉVÉNEMENS.

Sans la liberté de blâmer, il n'est point d'éloge flatteur.
Mariage de Figaro, Acte V.

CHAPITRE PREMIER.

En considérant les hommes tels qu'ils doivent être, je pourrais me dispenser de plaider ma cause, et d'exposer les motifs qui m'ont déterminé à rejeter l'élection à vie ; mais dans un siècle où les passions nous aveuglent, où la voix de la raison ne peut leur arracher l'empire des ames ; dans un temps où chaque individu croit lire dans le cœur de son voisin, et déviner ses pensées les plus secrètes, je dois me montrer à découvert, et prévenir les interprétations injustes qu'on pourrait donner à mes sentimens.

Quelque chose qu'on lise dans cette espèce de Confession, qu'on se garde bien de croire que la crainte m'en ait inspiré le désir, et

A

que l'esprit de parti m'en ait suggéré le contenu. J'écris sous la dictée de mon cœur, et quelque puisse être ma destinée , j'aurai du moins cette excuse à opposer à mes adversaires : On n'est point coupable lorsqu'on n'est trompé que par soi-même ; et c'est assez pour moi, de savoir d'avance que celui qui troublera ma tranquilité , me conservera intérieurement son estime.

Les factions , ces élémens du malheur des peuples, vont sans doute s'approprier tous ceux qui , comme moi , auront émis un vœu contraire à celui de la majorité. Chaque parti , sans me connaître , va compter sur un prosélyte. Je me hâte de détruire leur espérance ; je suis étranger à tous, et peut-être même leur ennemi. J'aime le sol où j'ai reçu la vie; et , dût-il être ingrat envers moi , je n'aurai jamais d'autre désir que celui de sa félicité.

Entré par goût dans une carrière où la conscription m'aurait appelé plus tard , je me suis formé à cette obéissance passive que la discipline commande. Pénétré de cette maxime que la Paix est le premier des biens, je ne seconderai jamais l'ambition des factieux ; et j'aurai toujours en horreur tout ce qui pourrait livrer mon pays au fléau des guerres civiles. Ainsi, comme militaire et comme citoyen , j'obéirai , avec la plus

scrupuleuse exactitude, à celui que la majorité m'aura désigné pour premier Magistrat de la République.

Qu'on ne pense pas que ce soit ici la
fausse déclaration d'un homme qui a des
torts à faire oublier, des partisans à se faire,
ou des projets criminels à cacher. Je ne
cherche pas à voiler ma conduite passée,
la voici toute entière.

ENCORE enfant, lorsque la Révolution
à commencé, j'avais jusque-là, bégayé le
nom de roi, sans en connaître la consé-
quence ; et j'étais, comme tous les enfans,
le perroquet de mes instituteurs. Avec l'in-
différence d'un être sans réflexion, j'ai
traversé cet intervalle qui a existé entre
le 14 Juillet et le 10 Août; intervalle où
chacun se formoit des principes, et où je
n'ai pu m'en former moi-même; où fermen-
taient déjà tous les levains de discorde qui
ont bouleversé la France ; et où l'ambitieux
fripon désignait la place qu'il voulait enlever
au sot orgueilleux qui la tenait de sa naissance, et qui n'y avait pas plus de droit
que son compétiteur. Dans cet espace où
le mérite modeste, entrevoyant l'aurore de
son jour de triomphe, attendait dans sa
paisible demeure, le moment qui aurait dû
l'appeler aux Magistratures ; dans cet espace, dis-je, savais-je encore ce qu'était le

Premier tems de la Révo-lution.

A 2

monde ? je m'occupais d'une danse de marionnettes avec plus d'intérêt que des discussions des Peuples, sans m'imaginer même qu'il y eût entre ces deux objets une espèce d'analogie.

An 2. L'époque la plus fatale, la plus ignominieuse de notre histoire, fut la suite de cet état d'indécision où flottaient les esprits. Un scélérat flatta toutes les factions pour se les attacher; nourrit leurs dissentions pour mieux les abattre, et les renversa pour n'avoir plus à les craindre. Il allait élever sur les ruines du Trône, des Arts, du Génie et de la Liberté, le Despotisme le plus affreux sans doute, si de nouveaux ambitieux, intéressés à sa perte par leurs propres dangers, ne l'eussent arrêté dans sa course. Cruel par caractère, il dut l'être par ambition et le fut par nécessité. Né avec un génie étroit, il entreprit la ruine des hommes que la nature avait mieux favorisés que lui. Sans aucun droit au Pouvoir suprême, il y parvint par une longue suite de crimes; et fit trembler, dans le premier âge de sa puissance, ceux-là même qui avaient osé attaquer et abattre un colosse qui avait survêcu à quatorze siècles. Qu'étais-je alors ? Un raisonneur de quinze à seize ans; un étourdi sans principes déterminés. Mon Professeur jeta les yeux sur moi pour prononcer un discours qu'il avait composé , et dont je ne me rappelle à présent ni la contexture ni le sujet. Après en avoir entendu la lecture , la société populaire enfreignit ses règlemens en ma faveur, et m'admit au nombre de ses membres. Robespierre jetait alors les fondemens de sa puissance ; son accroissement fut rapide. Les principes changèrent ; et six mois après mon triomphe , je passai à un scrutin d'épuration , qui m'aurait élagué, si un des membres de la société n'eût objecté que les principes d'un enfant ne pouvaient être dangereux , mais que sa bourse pouvait au contraire leur être utile.

Les journées célèbres se succédèrent. J'étais étonné de voir figurer dans la défense d'une cause , des noms que j'avais reconnus auparavant pour les soutiens de la cause contraire. Je réfléchissais sur l'instabilité des opinions ; mais mon cœur repoussait toujours cette idée affreuse , que l'homme est le Roseau de La Fontaine ; qu'il n'a d'invariable que le but de ses désirs, et que les moyens de l'atteindre varient avec les circonstances qui le précèdent. Il me semble voir un fleuve très-élevé au-dessus de la mer où il doit aboutir; il rampe avec une apparence de majesté , et s'abaisse avec le terrein qui le porte, jusqu'à ce qu'il ait atteint le but que lui a désigné l'Auteur de la Nature.

Tels sont les courtisans, espèce d'hommes toujours méprisables et jamais rebutés ; toujours reconnaissables, et cependant presque jamais reconnus ; thermomètres fidelles, et souvent instrumens de la destinée des Souverains. Et ces gouvernans qui les ont suivis dans le cours de leur vie, qui ont dû même les voir avec indignation s'ils sont dignes du trône qu'ils occupent, ces Gouvernans, dis-je, leur distribuent des emplois, leur décernent des récompenses ! Est-ce la crainte de leur rebellion ? est-ce la nécessité de leurs lumières ? Le genre humain est donc bien misérable s'il n'est point assez de savans vertueux pour le diriger, ni assez de magistrats et de guerriers honnêtes pour contenir les factieux qui troubleraient son repos. Rejetons plutôt le mal sur l'adresse de ces fourbes, qu'on a justement surnommés la peste des Cours. Fidelles à leur maître dans la prospérité, ils l'éblouissent par leurs démarches affectées ; mais, l'abandonnant en même temps que la fortune, ils portent leurs vils hommages à celui même qu'ils ont persécuté, et que le hasard place alors au-dessus d'eux. Je les compare à ces curieux qui, dans les jardins de Tivoli, suivent d'un œil avide et constant, le globe qui s'élève dans les airs, et qui ne daignent pas même lui donner un regard lorsqu'il est tombé à leurs

pieds. Heureux ! oui, je veux le dire, heureux
l'être méprisable qui commande à son cœur ;
qui a pu réussir à se former une ame basse
et rampante ; qui, rapportant tout à lui-
même, n'est affligé que de ses propres malheurs, et qui dans le sein de l'opulence,
oubliant les vils moyens qui ont pu l'y con-
duire, voit, sans en être affecté, les malheureux qui des débris de leur fortune ont
élevé la sienne ! Certes ce n'est pas un bonheur que j'envie ; mais je ne puis m'empêcher
d'en reconnaître la réalité. Le plus grand
tourment d'une ame honnête est le remords
d'une action honteuse ; et l'on s'expose
rarement à la commettre, si l'on n'y trouve
un avantage réel. Dès-lors, comment peut-on
appeler l'homme qui jouit sans remords
d'un avantage semblable ? N'est-il pas plus
heureux que toi, cœur sensible et délicat,
toi, qui te traçant une route vers la vertu,
crains jusqu'à l'idée de t'en écarter, et qui,
brûlant de dire la vérité aux hommes, ne
fais qu'exciter leur orgueil et attirer leur
haîne et leur vengeance ! Console-toi, la
haîne et l'estime peuvent séjourner ensemble. Oui, quel que soit le sort qui m'attend,
je la dirai cette vérité ; je la dirai sans espoir
de changer le cœur humain ; je la dirai pour
ma satisfaction personnelle.

La gloire de ma nation s'accroissait tous

9 Thermidor.

les jours ; sa tranquillité parut suivre la destruction de la faction Robespierre. Je me réjouis avec tous les bons Français de ce changement sur lequel on n'osait déjà plus compter. J'aimais comme des frères ces Capitaines qui concourraient à notre défense ; mais je distribuais mon admiration à ces deux hommes que je me plais à réunir pour le bonheur de ma Patrie, et que l'esprit de parti se plaît à diviser pour notre infortune. L'un m'entraînait avec lui dans ses conquêtes rapides, que l'imagination pouvait à peine se dépeindre ; l'autre me faisait aimer ses lenteurs savantes par les succès qu'elles assuraient à son armée. celui-ci jugeant avec réflexion et calculant ses moindres démarches ; celui-là décidant du premier coup-d'œil avec la justesse de l'homme réfléchi : l'un calme et profond, ne laissant rien aux caprices de la fortune ; l'autre habile et fougueux, forçant la fortune de plier devant lui et de concourir à son triomphe ; le premier illustre dans les revers comme dans les succès ; le dernier célèbre par la continuité de ses victoires; tous les deux grands; tous les deux nécessaires, tous les deux chers aux bons Français et calomniés par l'envie, ont long-temps partagé, et partagent encore le premier degré de la considération que je dois aux sauveurs de la France.

Un fantôme de paix calma pour quelque temps les malheurs de l'humanité. La terre parut respirer encore ; le repos ranimait l'industrie ; les Souverains semblaient touchés des misères de leurs enfans ; le bonheur allait reparaître : l'ambition de quelques Ministres renversa l'espoir de l'Europe, et reporta la désolation dans les ames sensibles.

En France, les trois pouvoirs de l'Etat, jaloux l'un de l'autre, s'arrachaient tour à tour le sceptre de la République. Loin de travailler de concert à notre félicité, ils se disputaient le droit de la faire ; ils ambitionnaient le nom glorieux de bienfaiteurs de la Patrie, et ne cherchaient point à mériter ce titre honorable. Les esprits s'aigrissaient ; les intentions changeaient de nature ; l'intérêt général, qui sans doute était leur premier but, disparaissait devant l'intérêt particulier, qu'avait réveillé la jalousie d'un nom. On oubliait que l'unité d'intention, ce mot que tout le monde entend, mais qu'on dénature toujours par les interprétations qu'on lui donne, était le seul moyen de rendre le repos aux Français. On ignorait ou l'on feignait d'ignorer que ce sacrifice de la vanité est la première vertu de l'homme d'état, et que celui qui ne cherche qu'à la satisfaire est indigne de gouverner les hommes. Dans cette lutte dangereuse, qu'allait devenir ma Patrie ? Les ennemis avaient déjà compté sur le découragement de ses défenseurs ; ils avaient calculé les effets de cette division intestine ; ils conjurèrent de nouveau notre perte , et armèrent contre nous les deux tiers de l'univers. Des nations éloignées, avec qui nous n'aurions dû avoir que des rapports d'amitié et de commerce, se laissent séduire par la chimère du rétablissement des Bourbons ; et viennent nous combattre pour les intérêts de leurs ennemis naturels. Le nombre est prêt à nous accabler ; la désertion affaiblit nos armées ; la déprédation leur enlève leur subsistance ; le courage s'énerve ; les timides indifférens se livrent à la fatalité ; les braves impuissans gémissent sur le sort qu'ils redoutent , et sont forcés de se borner à des vœux , que chaque jour semble rendre inutiles. Loin de calmer les esprits, on ose leur montrer toute la profondeur de l'abyme : un Législateur propose de déclarer la Patrie en danger ; mais ses collègues, frappés du souvenir que ce mot leur rappelle , rejettent cette proposition comme une ancienne source de calamités.

Projet du 18 Brumaire.

Un Politique adroit conçoit le dessein de prévenir notre ruine : une haîne particulière l'avait , dit-on , éloigné d'un des premiers postes de l'Etat , où la voix publi-

que l'avait souvent appelé. Il s'y rend enfin ;
il voit nos dangers , et veut nous arracher
au coup qui nous menace. Le secret couvre
des plans que le crime eût déconcertés ;
il approfondit nos plaies , cherche dans le
silence les moyens de les cicatriser ; et cette
fois, contre l'opinion de Mirabeau, le silence
de cet homme n'est point une calamité
publique. L'exécution était lente ; les dangers
pressans : il fallait un homme qui reportât
la vie dans tous les corps de l'Etat , et qui
profitât de notre enthousiasme pour détruire
à la fois tous les élémens de notre perte.....
Cet homme parut, appellé par une voix
secrète ou conduit par le hasard, qu'importe ? Il arriva ; il pressa l'exécution des
plans qu'un autre avait conçus ; et en
décida le succès par son activité et par
son courage.

Toutes les institutions furent renversées ; 18 Brumaire.
un gouvernement provisoire s'éleva sur leurs
débris ; et les cœurs sensibles qu'avait fait
respirer cette secousse , qui n'avait détruit
que les Magistratures, sans verser le sang
des Magistrats, les cœurs sensibles , dis-je,
attendaient tout de ce changement aussi
désiré qu'imprévu.

Faudra-t-il que je rappelle ici , tous les
bienfaits de cette journée mémorable ? Les
journaux en ont mille fois retenti ; je ne veux

point fatiguer mes lecteurs par des répéti-
tions inutiles ; ce serait leur supposer, non
pas un défaut de mémoire, mais un défaut
de cœur dont je ne les crois pas susceptibles.
Les ennemis allaient renverser les barrières
que les héros de la Révolution avaient données à la France ; elle enfanta de nouvelles
armées ; et l'enthousiasme des premiers jours
de la République parut renaître dans toutes
les ames. Une bataille, dont les témoins et
les historiens changent à leur gré le plan
et les combinaisons, et, jamais d'accord
sur les circonstances, semblent vouloir nous
prouver que tout le monde y avait perdu
la tête ; une bataille enfin, où jusqu'ici
tout est douteux, excepté le succès et les
suites glorieuses, décida du sort de l'Europe,
et tarit cette source de malheurs, qui parais-
sait ne devoir l'être jamais. La paix conti-
-nentale devait forcer l'Angleterre à négocier :
l'homme qui avait atteint le plus haut degré
de la gloire militaire, ne pouvait que saisir
le nouveau laurier qu'on lui présentait ; et
le Traité d'Amiens devint le plus bel éloge
du 18 Brumaire.

La confiance donna un nouvel essor à
l'industrie nationale ; l'œil du pacificateur
semblait rendre la vie aux arts et aux sciences.
Aucune partie de l'administration publique
ne lui parut étrangère. Il s'était entouré des

plus grands hommes de l'Etat ; avec de tels
secours il devait espérer de grands succès ;
et si l'homme impartial trouve encore quelque imperfection dans les nouveaux sys-
têmes, il doit en accuser la nature humaine,
qui est de tendre toujours à la perfection
sans pouvoir jamais l'atteindre. La faute
n'en est pas au Gouvernement ; je crois à
la pureté de ses intentions ; mais je laisse
aux adulateurs le soin de s'écrier que
tout est bien , et aux ministres de la discorde celui de prêcher le principe contraire. N'importe ; je le dis sans flatterie : depuis la révolution personne n'a
paru plus digne de nous gouverner que
celui qui marche en ce moment à notre tête.
Mais, me dira-t-on, après une déclaration
semblable, qui a pu te porter à contrarier
le vœu de la majorité ? Quels motifs t'ont
fait rejeter la proposition des Consuls et
des Ministres ? Mes motifs, les voici.....
Parlons d'abord de la nature des gouvernemens, et puis de la faiblesse des hommes ;
mes raisonnemens deviendront la base de
mes principes ; et c'est d'eux que naîtra
naturellement l'opinion que j'ai manifestée.

CHAPITRE SECOND.

L'AVEU que j'ai fait de mon âge va sans doute réfroidir l'attention de mes lecteurs, et peut-être exciter leur risée. Une dissertation sur la politique paraît une tâche bien difficile pour un jeune homme, surtout aux yeux de ceux qui décident qu'il n'est permis de penser qu'à quarante ans. Je partage à peu près leur avis ; aussi ne viens-je pas heurter de front les principes reçus. Dans les cas où je les combats, je puis, je dois même me tromper ; et je les prie de s'armer d'indulgence et de ne juger que l'intention.

J'ai réfléchi sur les Gouvernemens ; j'ai cru reconnaître que leur nature était le plus souvent indifférente, et que les qualités seules des gouvernans les rendaient bons ou vicieux. J'ai vu que tous étaient susceptibles de faire le bonheur comme le malheur des peuples ; et que ces deux grands points de la politique provenaient rarement de la forme de l'administration. Titus s'est acquis le titre de Délices du genre humain, sur le même trône où Caligula en avait été surnommé l'Horreur ; et la Dictature de Cincinnatus ne fut pas pernicieuse comme

celle de Sylla. Il est cependant des Gouvernemens dont l'humanité a beaucoup à attendre ;
et les Souverains héritent si peu du caractère de leurs prédécesseurs, qu'il faut, autant que l'on peut, restreindre leurs volon-
tés, et les empêcher de commettre le moins
de mal possible, en leur donnant la plus
grande latitude pour faire le bien. Exami-
nons et choisissons.

Le Gouvernement populaire m'a paru le
plus juste, mais aussi le plus dangereux.
Machiavel, Mably, et presque tous les Philosophes ont donné des éloges à ce système
absurde et toujours incompatible avec le
repos des Etats ; mais ils ont parlé au peuple de ses droits, avant d'examiner s'il con-
naissait ses devoirs. Le nom de Souverain a je
ne sais quoi de si flatteur pour l'oreille, que
c'est être à moitié sûr de plaire, que d'offrir
les moyens de l'acquérir. Je suivrais bien
leur exemple, je dirais bien au peuple : Fais
tes lois, élis et destitue les Magistrats ; décide
de la paix et de la guerre : mais auparavant
qu'on me donne un peuple de sages chez lequel les passions soient sans empire, la vertu
sans détracteurs, et le génie sans ambition et
sans vices. Alors je joindrai ma voix à celle
des écrivains qui m'ont précédé ; je pronon-
cerai avec emphase le nom de Démocratie ;
et j'éblouirai par l'éclat d'un pouvoir éphé-

mère , cette portion nécessaire du peuple , qui abandonnera la charrue de ses ancêtres pour se livrer aux affaires de l'Etat. Ce premier des Arts qui satisfait les premiers besoins de la vie, l'agriculture deviendra le dernier de ses soins. Le laboureur oubliera les premiers travaux de son enfance ; l'indolence le conduira à la famine; et la famine lui fera méconnaître ses engagemens. L'abolition des impôts , le partage des terres, telles seront les premières clameurs de ce desposte. L'anarchie , la destruction des lois , la dissolution des fortunes , telles seront les effets de sa rébellion. Et que m'offre-t-on pour compenser tant de maux ? quels biens a produit cette démocratie si vantée ? N'est-ce point une vraie monarchie temporaire ? Le sceptre appartient à l'orateur le plus adroit ou au général le plus heureux. Le peuple s'écrie qu'il veut être libre; il vante les douceurs d'un bien qu'il ne connaît pas ; et, tout en réclamant sa liberté , il présente ses mains aux chaînes de celui qui le flatte. Noble et généreux par caprice , injuste et cruel par intérêt, il passe tour à tour de l'amour à la haîne, sans changer l'objet de ses passions. Epaminondas, Camillus, Aristide, Cicéron et vingt autres, ont éprouvé quelle était l'instabilité de ce peuple, au bonheur duquel ils s'étaient

s'étaient dévoués. Mais , va-t-on mé dire ,
ce que les Romains et les Grecs n'ont pu
exécuter , un peuple moderne ne peut-il le
faire ? Ma réponse sera le récit des malheurs
que la même cause a produits dans un temps
moins reculé. Et quel sera alors l'homme
assez audacieux pour affronter l'avenir ,
malgré les exemples que lui donne l'histoire
des nations ? En admettant même toutes les
circonstances favorables , quel être raison-
nable osera s'y fier ? non , je doute qu'il soit
possible de réussir. Qu'espérer d'un état où
tous les pouvoirs sont confondus , lorsque
l'expérience nous prouve que leur division en
assure l'intégrité et la durée ? Une foule
d'hommes obscurs se rassemble au milieu
d'une place publique. Quelle notion ont-ils
pu acquérir sur les sciences du gouvernement? Habitués dès leur enfance à labourer
les champs ou à tout autre état dont ils tirent
leur subsistance , quels principes ont-ils pu
se former? quelles objections feront-ils à l'orateur qui leur proposera une loi qui leur sera
contraire , mais dont ils n'auront pu saisir
l'esprit? On leur repétera vingt fois qu'elle
leur est utile ; ils l'adopteront, jusqu'au moment où un nouvel orateur, jaloux de l'autorité du premier, leur en démontrera le vice.
Ils ne seront pas tous disposés à se ranger du
même avis ; des partis se formeront ; la vanité

B

des tribuns entretiendra la discorde, et la haine perpétuera les vengeances. Alors le sage, qui passera près de ce cirque tumultueux, se dira à lui-même : L'homme par sa nature est né pour être libre ; mais par ses défauts, il est fait pour être esclave. Le philosophe, élevé à la hauteur de son caractère, tonnera contre cette proposition. Le philosophe, observateur et réfléchi, gémira sur le sort des humains, et avouera en pleurant la nécessité de les enchaîner. Je ne sais si on l'a déjà dit ; mais je pense que le peuple est un indigent orgueilleux, dont il faut faire le bonheur malgré lui. Mais qui donnera-t-on pour maître à ce peuple incapable de se gouverner lui-même ? Un Roi ? n'est-ce pas un homme ? n'est-il pas sujet aux passions qui nous tyrannisent ? Un Philosophe ? c'est encore un homme. J'admire ses écrits ; mais ses actions me font pitié. Que faire, quel maître lui donner ? quel moyen d'opérer son bonheur ?

De l'Aristocratie. L'aristocratie pourra-t-elle me l'offrir ? c'est changer un serpent pour un hydre à cent têtes : c'est, à mon avis, le pire de tous les gouvernemens ; et, avec une légère restriction, on peut lui appliquer ce que j'ai dit du gouvernement populaire. Il n'est pas toujours certain que le génie suive la naissance ; mais il est au moins présumable que l'homme à qui la naissance assure un emploi éminent, se donnera peu la peine de le mériter. En vain on m'objectera, avec M. d'Argenson, que, né dans un haut rang, il est intéressé à ne pas dégénérer de ses ancêtres. Je doute des vertus passées ; compterai-je sur les vertus à venir ? Un grand nom éblouit le vulgaire ; et le descendant d'un Monmorenci et d'un Turenne, pourrait, je crois, faire impunément des sottises. Joignez à tous ces désavantages l'orgueil des grands, qui se font, pour ainsi dire, une propriété de l'autre portion du peuple. Quoique j'aye reconnu l'ignorance et l'instabilité de ce peuple, je ne prétends point le priver entièrement de ses droits. Je pense au contraire qu'il ne devrait y avoir de grands, puisqu'on a adopté ce mot, que ceux que le peuple entier aurait désignés. Le système représentatif est l'hommage le plus juste et le moins pernicieux qu'on puisse lui rendre ; c'est-là son plus beau droit, et j'admire cette loi nouvelle, qui le lui a conservé, en évitant en même temps le tumulte des rassemblemens populaires. Elle n'est point, à la vérité, sans inconvéniens : un notaire adroit, un secrétaire de mairie, toutes les personnes enfin chargées de recevoir les scrutins, peuvent les tronquer à leur gré, comme des présidens de sections, qui ne respectaient point le *ne varietur*. Mais, encore un coup, la faute n'en est pas à la loi ; et dans ce cas, la confiance des votans doit suppléer à la délicatesse des dépositaires.

Quant à l'Oligarchie, proprement dite, elle a tous les vices du gouvernement aristocratique ; ainsi il me paraît inutile de revenir sur cet objet. Mais je dois traiter plus amplement de l'Oligarchie, que j'appellerai représentative, et que la France a vue dernièrement dans son Comité de Salut public et dans son Directoire.

De l'Oligarchie.

Tout ambitieux est dévoré de l'avidité de régner ; et par conséquent tout homme qui participe au gouvernement, cherche à s'élever au-dessus de ses collègues ; il brûle d'être ce que nous appelons, *primus inter pares :* quelque opinion qu'il ait, il la croit la meilleure et exige le sacrifice de celle des autres. Chacun vante là ses services et son mérite ; et tous y cachent leurs prétentions sous un désintéressement affecté. S'agit-il de la discussion de l'affaire la moins conséquente, deux, trois jours suffisent à peine : jamais d'accord sur la manière de la terminer, comme si la justice avait deux marches différentes : ils perdent à disputer, un temps précieux à l'état, et que réclament des affaires plus importantes : rarement se séparent-ils sans se désunir. Autant de gouvernans, autant d'ennemis; ils apportent dans les discussions nouvelles, le même esprit de haine et de discorde; et le vaincu de la veille, satisfait le lendemain, aux dépens de l'état et de la raison, le désir de vengeance qu'il a conçu contre le vainqueur. Qu'attendre d'un corps dont la tête est ainsi livrée au conflit de toutes les passions ? Ah ! si du moins, lorsqu'il s'agit d'un acte de tyrannie, ils conservaient cet esprit qui les divise ! Mais, non, c'est alors qu'ils se réunissent ; c'est alors qu'ils n'ont plus qu'un même désir, celui d'opprimer leurs semblables. Qu'on jette les yeux sur l'histoire des Triumvirs, sur celle des trente tyrans d'Athènes, et sur la vie des membres du Comité de Salut public. Ils signent la proscription de leurs proches, pour obtenir plus aisément de leur complices celle de leurs ennemis. Sers-moi, dit l'un, dans cet acte d'oppresion, je te servirai à mon tour dans celui que tu voudras commettre. Accorde-moi, dit l'autre, la nomination de ce scélérat à ce poste lucratif, et demain j'appuirai de tout mon pouvoir l'élévation de ton protégé. Tel est l'emploi qu'ils font de la puissance que le peuple leur a confiée. Le temps destiné à la perfection de la félicité publique, est employé à assouvir des vengeances, ou à prodiguer des faveurs injustes. L'homme d'état doit oublier les bienfaits comme les injures. La haine et l'amitié peuvent également le con- duire à l'injustice ; et des passions aussi aveugles ne conviennent pas au magistrat dont le flambeau de la vérité doit toujours éclairer les démarches.

De la Monar- chie.

Quelle est donc la forme du gouverne- ment que je cherche ? Est-ce la Monarchie telle qu'elle était jadis en France ? Que d'in- convéniens ! que d'injustices ! que d'absurdi- tés ! La naissance enlevait au mérite les emplois et les récompenses. Il était dans l'état un seul homme libre (par sa puis- sance , mais esclave par l'adresse de ses ministres), et le caprice de cet homme réglait la destinée de vingt-cinq millions de sujets. La législation et l'exécution des lois étaient confiées au même individu ; et je pense qu'il est aussi dangereux de les réunir dans les mains d'un roi, que de les laisser entre les mains du peuple. Pour être législateur, il faut être à peu près versé dans toutes les sciences ; chose qui est aussi impossible pour l'immense majorité du peuple qui n'en con- naît aucune, que pour un roi qui n'a qu'une seule tête.

La perpétuité donnait au monarque la faculté de faire impunément le bien et le mal. Maître de la France entière par la force du préjugé, certain d'être inviolable,

il opprimait ou servait les oppresseurs subalternes. Quelle assurance ne doit pas avoir
une ame forte, lorsqu'elle est intimément
convaincue qu'elle ne doit qu'à Dieu le
compte de toutes ses actions ? Malheur au
peuple qui le croit et qui respecte cette
opinion déplorable ! Pourquoi, dans la
convention tacite que les souverains font
avec leurs inférieurs, ne serait-il pas sti-
pulé que le gouvernement est responsable
de ses injustices ? et comment, en admettant la perpétuité et l'inviolabilité du monarque, lui demandera-t-on ce compte qui est
le garant de ses vertus, et la sauvegarde de
son peuple ? Quatorze siècles, et l'exemple
de presque toutes les nations ont gravé dans
l'esprit du grand nombre des Français un
respect aveugle pour ce nom terrible. Ils se
regardent comme incapables d'être conduits
par leurs égaux, parce que tous ont le désir
d'être les conducteurs. Ce préjugé sera bien
difficile à déraciner ; et je m'étonne que
cette nation si légère, si changeante dans
ses goûts, ait affecté aussi long-temps une
constance ridicule pour cette partie de son
administration.

Il est bien un préjugé plus vicieux encore De l'hé-
dans cette monarchie arbitraire ; c'est celui rédité.
qui faisait adorer le vice de l'hérédité. Est-
ce au hasard de désigner les rois et les

B 4

sujets ? et serait-il moins ridicule d'assembler le peuple, et de décider par le sort à qui le trône doit appartenir ? Si ma destinée me force à porter des fers, que je les reçoive au moins d'un homme de génie ; sa puissance a quelque apparence de justice. Mais que l'imbécile enfant du hasard aveugle, me dise d'un ton d'arrogance qu'il est mon roi, lorsqu'il ne connaît pas même les sciences de première nécessité, mon cœur se roidit contre cette idée révoltante.... Oui, je mordrais avec impatience le frein qu'on voudrait m'imposer ; et je maudirais, en l'écoutant, ce sentiment intime qui me porte à respecter le repos des états, et à détester les révoltes publiques. Je ne parle point à ces hommes intéressés par leur extraction à la régénération de ce système ; mais j'en appelle aux êtres pensans, aux philosophes, à tous les cœurs enfin exempts de préjugés. Qu'ils ouvrent avec moi l'histoire des rois de France. Dans le nombre des soixante-sept individus qui ont porté ce titre, je trouve soixante êtres obscurs, dont la tradition n'a conservé que le nom, les sottises et les cruautés. Des sept restans, six ont eu le mérite d'éblouir leurs sujets par des victoires ; espèce de flambeau dont l'éclat singulier semble rehausser les vertus et éclipser totalement les vices. L'autre, après avoir forcé les Français à accepter ses lois, s'occupait sérieusement de leur bonheur, lorsqu'un assassin fanatique mit un terme à sa carrière. Voilà tous les avantages de l'hérédité : deux cents ans de règne faible, injuste, malheureux ou tyrannique, pour vingt ans de bonheur et de paix.

La monarchie est cependant le seul gouvernement qui paraisse convenir à un état aussi vaste que la France ; mais une monarchie élective et temporaire, une monarchie restreinte par l'autorité d'un sénat, et totalement distincte de la législature. Il faut dans le gouvernement une unité d'intention, qui n'existera que lorsqu'une seule tête en portera le poids, ou que cette tête aura, comme aujourd'hui, une prépondérance marquée sur ses collègues. Dieu n'a donné qu'une ame à un corps ; n'en donnons qu'une à l'état ; mais avec cette différence, que l'ame de l'homme conçoit et exécute, et que l'ame de l'état ne doit s'acquitter que du dernier emploi. C'est de cette unité que dépendent principalement l'activité des négociations, la prompte exécution des lois, la stabilité des mœurs, et l'uniformité des principes. Les mœurs d'une nation, dit Isocrate, dépendent uniquement des mœurs du souverain. Celles du monarque électif et temporaire doivent être bonnes. Son élection est la preuve de sa probité passée ; les bornes qu'on met à son règne sont le garant de sa conduite à venir. Laissez à l'administrateur la perspective d'être réélu par ses administrés ; il a quelque intérêt à faire le bien. Eh ! quelle satisfaction ne se prépare-t-il pas ! quel triomphe n'est-ce pas pour lui, lorsqu'après quelques années de règne, le peuple reconnaissant lui remet de nouveau le sceptre entre les mains ! Pour se priver de cette jouissance, il faut être aveuglé sur ses intérêts et sur sa gloire, ou assuré de l'inconstance de la nation qu'on gouverne. D'un autre côté, pour conférer une monarchie perpétuelle, le peuple doit avoir une méfiance extrême pour ses propres sentimens, ou une confiance aveugle dans celui qu'il désigne. Supposons un instant que cette confiance soit mal fondée, quels moyens a-t-on pour arrêter le cours d'un règne tyrannique ? je n'en vois pas d'autre que la force ; et pourquoi exposer nos descendans à répandre leur sang pour réparer nos sottises ? Pourquoi nous réduire à cette alternative cruelle, l'esclavage ou la rebellion ? n'est-il pas plus simple d'attendre un changement périodique ? Me dira-t-on qu'il peut se trouver des hommes infaillibles ! Quel autre qu'un courtisan osera avancer, en parlant au souverain : Jamais tu

ne commettras d'erreur, jamais *tu n'auras
vécu plus d'un jour?* J'oserai dire au contraire moi, qui, borné à un emploi peu lucratif, attends peut-être delà la subsistance de
ma vie entière, j'oserai dire que tant qu'il
reste une minute à l'homme, elle lui suffit
pour être criminel. Je ne ferai que répéter la
plus belle réponse du Consul, qui a dit, en
parlant de la fortune : *Combien d'hommes
qu'elle avait comblés de ses faveurs, ont
vécu trop de quelques années !* L'homme
puissant qui reçoit un compliment aussi
outré que celui que j'ai rapporté plus haut,
doit avoir assez de perspicacité pour démêler
les intentions du flatteur, et assez d'équité
pour le tromper dans son attente. Je ne
connais que deux principaux moyens de
s'élever : avoir des talens, de la probité
et de la franchise, ou ramper dans les cours.
Je laisse distinguer le meilleur à un gouvernement qui a, jusqu'ici, montré de la justice
et de la prévoyance.

L'objection la plus juste qu'on puisse faire
en faveur de l'hérédité et de laperpétuité, est
sans contredit la dangereuse multiplicité
des élections. Les troubles et la chute de
la Pologne dégoûteraient sans doute de cette
constitution ; mais depuis qu'on raisonne
sur la nature des gouvernemens, il est bien
étonnant qu'on n'ait pu trouver les moyens

de corriger leurs vices, et qu'on n'ait pu prévenir le danger de ces assemblées tumultueuses. Le hasard m'en offre l'espérance; je veux la faire partager à mes lecteurs. Que risqué-je ? de m'apercevoir que je me suis trompé. Je ne veux point m'atribuer une infaillibilité que je refuserai toujours aux autres. Sans vanité comme sans but, je vais hasarder mon plan. Le voici :

Plan de gouvernement. Je conserverois la rotation du Directoire, le nombre des trois Consuls et la prépondérance du premier. Par-là, le gouvernement ne meurt jamais : il n'est pas assez nombreux, tant pour être à charge à l'état, que pour dégénérer en oligarchie; et il me répond de cette unité d'intention que je trouve si nécessaire. La durée de l'administration de chaque Consul serait de quinze ans ; mais celle de la prépondérance ou de la primauté ne serait que de cinq. Dès l'instant que le premier Consul aurait quitté sa place, le second l'occuperait, et le troisième passerait au second rang, de manière que le Sénat Conservateur n'aurait jamais à élire qu'un troisième Consul. Le jour de l'élection ne serait point connu. Le premier Consul choisirait une séance dans les trois mois qui suivraient sa promotion : le Sénat en recevrait l'avis, fermerait ses portes, et ne pourrait se séparer qu'après l'élection consommée. Le premier magistrat n'étant jamais à élire, et, pour ainsi dire, ne mourant jamais, aurait toujours la force nécessaire pour contenir les factieux qui voudraient troubler l'élection; chose qui me paraît impossible, puisqu'on en ignorerait l'époque. Le Magistrat sortant, membre du Sénat, n'y siégerait qu'après, pour ne pas influencer l'opinion des Sénateurs. Pendant les dix ans que les troisième et second Consuls passeraient avant d'atteindre à la primauté, ils se perfectionneraient dans la science du gouvernement; ils adopteraient, pour ainsi dire, les principes de leur chef, qui les tiendrait lui-même de la nation entière; et les puissances étrangères s'accoutumeraient à traiter avec eux, par les rapports qu'ils auraient eus ensemble pendant le consulat subalterne. Je ne sais si on m'a compris; mais voilà quelle serait la forme de mon gouvernement, si, comme Platon, je faisais ma république.

Il s'agit maintenant d'examiner cette grande question : le nom de république n'est-il pas incompatible avec celui de monarchie? Le temps a dénaturé le sens de tous les mots. On entend, presque généralement aujourd'hui, sous le nom de monarchie, tous les états héréditaires, comme les royaumes, les empires, etc. : et moi, dans le

cours de cet ouvrage, comme dans mon
idée, je n'emploie ce mot que dans sa véri-
table signification, qui est Gouvernement
d'un seul. Pour celui de république, le
peuple se trompe sur l'acception qu'il lui
donne ; il le confond avec la démocratie,
et crie au sacrilége dès qu'on paraît violer
son opinion. Mais la république est aussi
distincte de la démocratie, que la monarchie l'est de la royauté. Le mot *respublica*,
dont nous l'avons tirée, ne veut dire que la
chose publique ; et je pense alors qu'il
signifie, dans quelqu'état que ce soit, non-
seulement l'universalité des citoyens, mais
l'universalité des objets que ses frontières
renferment. Ce mot n'admettant aucune
forme de gouvernement, on est donc libre
de lui assigner celle qui paraît devoir lui
convenir, et les mœurs des citoyens doivent seules déterminer ce choix. Un Dicta-
teur gouvernait la République romaine; un
Doge commandait à Gênes et à Venise, et
la Hollande obéissait à un Stathouder. Pourquoi la République française ne chargerait-
elle pas un Consul électif et temporaire du
soin de la diriger? Ces mots ne doivent plus
paraître incompatibles; et l'opinion de ceux
qui les ont séparés jusqu'ici, ne peut être
considérée que comme un préjugé.

CHAPITRE TROISIÈME.

D'APRÈS mon raisonnement et les principes que j'ai cru devoir en déduire, pouvais-je, sans blesser ma conscience, approuver l'élection à vie ? Le ciel ne m'a point doté d'un de ces caractères inconstans, qui, ne connaissant d'autre loi que celle du plus fort, n'ont que des sentimens réfléchis par ceux du parti dominant. Je suis né d'un père qui a toujours dédaigné les injustes faveurs de la fortune, quoique long-temps à portée de les saisir ; et qui ne me laissera peut-être pour tout héritage que sa franchise et sa probité. Je ne serai point ingrat envers lui ; je conserverai scrupuleusement ce dépôt précieux et rare, et le transmetterai à mes descendans, en leur disant que ces deux vertus conduisent rarement à l'opulence, mais que le sage est toujours riche avec elles.

Que mes lecteurs cependant se gardent bien de croire que je sois convaincu de la solidité de mes raisonnemens et de la justesse de mon opinion. L'homme franc et honnête peut errer comme le fripon hypocrite ; mais il a cet avantage sur celui-ci, qu'exposant ses erreurs au grand jour, il donne les moyens de les redresser, et fait espérer un retour dont la sincérité ne saurait être suspectée. Si j'ai tort, qu'on me le prouve, je suis prêt à me corriger : mais que dans cette discussion on abjure tout esprit de parti, comme je crois l'avoir fait moi-même. Je ne répondrai pas aux invectives; ce serait les perpétuer : je ne répondrai qu'aux raisonnemens.

A peine eus-je conçu le dessein de me réunir aux opposans, que les personnes auxquelles j'inspirais quelque intérêt, firent leur possible pour m'en détourner. Un homme de bon sens qui me vit prêt à signer, m'entraîna loin de la foule, et me tint à peu près ce discours.

N. « Je suis charmé, monsieur, d'être
« arrivé assez à temps pour vous empêcher
« de faire une sottise. Vous devez être
« assuré que, quelle que soit l'opinion de la
« majorité, on n'en proclamera pas moins
« le premier Consul à vie; mais comme je
« pense que la plus grande partie des vo-
« tans sera pour l'affirmative, de quel poids
« votre avis peut-il être dans la balance?
« pourquoi voulez-vous marquer dans la
« minorité, lorsque vous avez la liberté de
« rester neutre ? Nous sommes entourés de
« fripons qui tirent parti de notre bonho-
« mie, et qui calculent leur élévation sur
                                        » notre

« notre perte. Méfiez-vous de ces gens qui
« n'ont pas plus de vertu que vous, mais
« qui ont de plus l'art de cacher leurs vices.
« Croyez-moi, n'allez pas plus avant ; ne
« vous préparez pas des regrets inutiles. »
« Laissez-moi, monsieur, contenter ma
« conscience ; la décharger d'un poids af-
« freux qu'elle sent toutes les fois qu'elle
« est forcée de se contraindre. Je sais que
« je pourrais suivre l'exemple d'un grand
« nombre d'individus, qui, pour se faire
« un mérite auprès des hommes puissans,
« ont confirmé l'élection en la désavouant
« intérieurement. Je pourrais encore, com-
« me vous le dites, grossir la foule de ceux
« qui gardent la neutralité, et laisser ainsi
« deviner mes sentimens ; mais ces deux
« rôles ne pouvaient me convenir. Je suis
« jeune, et peut-être en état d'occuper, avec
« le temps, un poste plus élevé que celui
« que j'occupe aujourd'hui. Je ne veux point
« tromper ceux qui me le désigneraient ; je
« ne veux point leur laisser la faculté d'in-
« terpréter mon silence. Je veux qu'ils me
« connaissent ; et, s'ils préfèrent l'homme
« franc au courtisan dissimulé, je ne crois
« pas avoir à redouter ces personnages dont
« vous me faites craindre les manœuvres.
« Quoiqu'il en puisse être, j'y suis résolu.
« Dans les circonstances difficiles il y a de

« la prudence à se taire ; mais je trouve de
« la vertu à exprimer hautement son opi-
« nion. »

N. « A vous entendre, monsieur, tous
« ceux qui ne vous ont pas pris pour mo-
« dèle sont donc condamnables. »

« Vous ne m'avez pas compris. Je suis bien
« loin de confondre tous les Français qui
« n'ont pas suivi mon exemple. Me croiriez-
« vous assez orgueilleux pour m'imaginer
« que tout le monde pense comme moi ? Il
« est tant d'intérêts différens, tant d'espèces
« d'individus, que leur supposer à tous le
« même sentiment serait la plus grande des
« folies. Lorsque j'ai parlé de vertu, l'ai-je
« attribuée à un seul parti ? J'ai dit qu'il y
« en avait à exprimer son opinion ; mais
« en ai-je déterminé la nature. Celui qui, en
« signant pour l'affirmative, a suivi l'im-
« pulsion de son cœur, mérite peut-être
« plus d'éloges que son adversaire. Qu'un
« accident imprévu prive la France de son
« plus grand appui, et que son parti s'élève
« sur les ruines de celui des amis de l'ordre
« et de la paix, trouvera-t-on dans ce nou-
« veau gouvernement assez de générosité
« pour oublier les soutiens de celui qu'il
« aura renversé ? »

N. « Eh qui vous a dit, monsieur, que
« le gouvernement actuel sera aussi géné-

« reux, et qu'il ne vous fera pas repentir
« de l'opinion que vous voulez émettre ? »

« Qui me l'a dit ? le passé. Je vois de la
« générosité où beaucoup d'autres n'ont vu
« que de la fourberie. J'ai entendu accuser
« le premier Consul de flatter tous les partis :
« je le crois plus grand, je lui suppose de
« plus nobles intentions, et je pense qu'il
« ne veut que les réunir. Quand même il ne
« serait pas généreux par caractère, il se-
« rait forcé d'affecter ce sentiment. Pensez-
« vous que l'homme qui a acquis tant de
« gloire, veuille l'éclipser par une ven-
« geance impolitique ? Croyez à la vertu ou
« à la vanité des hommes : toutes les fois
« que ces deux causes ne se trouvent pas
« incompatibles, il y a de l'inconséquence
« à douter de leur effet. D'ailleurs, sup-
« posez, ce qui est impossible, que vos
« craintes ne soient pas sans fondement,
« la conduite du consul justifiant la mienne,
« me confirmerait dans les principes que
« j'ai adoptés : et savez-vous, monsieur,
« de quel prix peut être une découverte pa-
« reille, pour une homme qui veut passer
« sa vie à scruter le cœur humain ? »

N. « Vous ne serez pas la victime de
« l'homme qui vous gouverne : cette ven-
« geance serait trop au-dessous de lui. Mais
« n'ayez-vous rien à redouter d'un tyran su-

« balterne ; de ces gens placés par la faveur
« dans une administration supérieure , et
« qui mettent tout en œuvre pour s'y main-
« tenir ? Il est tant de postes à occuper dans
« un état comme la France ; on y crée tant
« d'emplois, sans que la nature crée en
« même temps autant de sujets capables de
« les remplir, qu'on se trouve forcé de les
« donner aux flatteurs qui environnent le
« magistrat suprême. Par quels moyens ces
« hommes peuvent-ils se soutenir ? Par ceux
« qui les ont élevés. Ils interprétent les sen-
« timens de celui dont ils tiennent, pour
« ainsi dire, l'existence ; et, comme la plu-
« part des ministres de Dieu , ils font sou-
« vent de l'être qu'ils représentent, un être
« injuste et tyrannique. La moindre vexa-
« tion envers ceux qui ont suivi votre
« exemple, leur paraîtra une action agréa-
« ble au Consul : ils en chercheront les
« occasions, et vous savez que l'homme
« puissant a le talent de les faire naître.
« Vous en avez déjà fait l'expérience. Rap-
« pelez-vous de ce commissaire de police,
» qui, naguère, vous a prouvé à quel point il
« faut se méfier de ces tyrans subalternes.
« J'ai lu les couplets que vous aviez jetés
« sur la scène lors de la paix d'Amiens.
« Tout était presque à la louange du pre-
« mier Consul ; le dernier seul lui donnait le

« conseil salutaire de ne pas céder à l'attrait
« de la puissance. Rappelez-vous avec quelle
« morgue cet homme, qui jusques-là s'était
« déclaré votre ami, vous fit apercevoir de
« votre prétendue témérité. »

« Oui, je n'oublierai jamais cette ré-
« flexion ridicule, que je n'attendais pas d'un
« homme d'esprit : Est-ce à un poète (1)
« qu'il appartient de donner des conseils
« au premier homme du monde ? Eh ! qui
« doit leur en donner, si ce n'est celui que
« la nature a chargé de les instruire ? »

N. « Eh bien, monsieur, que cette cir-
« constance vous ouvre les yeux. Si un
« écart aussi léger a pu vous attirer une
« vexation, que devez-vous attendre de la
« démarche que vous allez faire ? »

« En vérité, monsieur, vous allez me
« faire croire que j'ai meilleure opinion de
« celui à qui j'ai refusé le consulat perpé-
« tuel, que ceux qui le lui ont accordé.
« Sommes-nous donc enchaînés ? A vous en-
« tendre, nous n'avons pas même le droit
« de penser : j'ai plus de confiance, je me
« crois celui de parler, et j'en use. J'ai une
« opinion ; on me consulte pour la con-

____

(1) Il me faisait beaucoup d'honneur ; je pense qu'il
voulait adoucir la dureté de l'expression par une légère
teinte de flatterie.

« naître et non pour la commander : on ne
« m'a point réduit à choisir entre une ap-
« probation tacite et une rebellion ouverte.
« Lorsque, dans l'assemblée de nos légis-
« lateurs, une partie vote contre une loi
« que la majorité adopte, la minorité ne
« se révolte point, et la majorité ne la
« repousse point comme une ennemie dan-
« gereuse. Où en serions-nous donc, si les
« hommes s'armaient pour la défense de
« leurs opinions ? »

N. « On ne s'armera point contre vous,
« je le sais ; qu'êtes-vous pour qu'on en
« vienne à cette extrémité ? Mais n'est-il
« pas d'autres moyens de vous nuire ? Un
« Administrateur trouve une espèce de
« triomphe à dire au premier Consul, que
« l'unanimité de ses administrés est pour
« son élection perpétuelle. Croyez-vous im-
« punément le priver de cette satisfaction ?
« Je vous ai souvent entendu manifester le
« désir de vous élever : renoncez à votre
« espérance ou à votre résolution. »

« Mon choix est fait. J'ai exprimé, il
« est vrai, ce désir, qui couvre de ridicule
« ceux que la fortune ne seconde point :
« mais ai-je dit que je voulais le satisfaire
« aux dépens de l'honneur et de la vérité ?
« Mon ambition ne me conduit pas dans
« un sentier tortueux. Je marche sur une

« ligne directe : je n'en vois pas à la vérité
« le but, mais je ne perds jamais de vue
« les bornes étroites que je lui ai données :
« ce sont la justice et la probité. Si on me
« croit égaré avec de tels guides, j'aurai
« plus mauvaise opinion de mes juges que
« de moi ; et l'estime de soi-même est un
« grand consolateur dans l'adversité. Si on
« m'arrête dans cette carrière, ce ne sera
« pas assurément la presse que j'y rencon-
« trerai ; mais un bras puissant qui m'op-
« posera une barrière que je ne pourrai ren-
« verser. Alors je crois connaître mon
« cœur, et je sens qu'il s'habituerait plutôt
« à une misère honorable qu'à une opu-
« lence honteuse. Je veux tenir mon élé-
« vation d'une cause équitable, et non de
« ces adulations que je méprise et dont les
« grands devraient se méfier. Si je me suis
« trompé dans mon espérance, si les per-
« sonnes qui jettent sur moi un œil impar-
« tial ne me trouvent pas digne de parve-
« nir, j'avoue ma faiblesse. J'en sentirai
« quelque douleur secrète ; l'amour-propre
« ne perd pas tranquillement ses droits :
« mais je me résignerai à ma destinée ; et
« dans le sein des lettres que je cultive,
« je me consolerai d'avoir été désabusé aussi
« cruellement. Du moins mon existence ne
« sera point troublée par le remords d'avoir

« fondé ma fortune sur mes vices et de
« l'avoir élevée par mes bassesses. »

N. « Je n'ai jamais douté de la bonté de
« vos principes. — Souffrez donc, mon-
« sieur, que je n'en dégénère point ». Là-
dessus, je quittai mon ami, et j'exécutai
ma résolution.

J. P. G. VIENNET

Officier d'Artillerie de Marine.

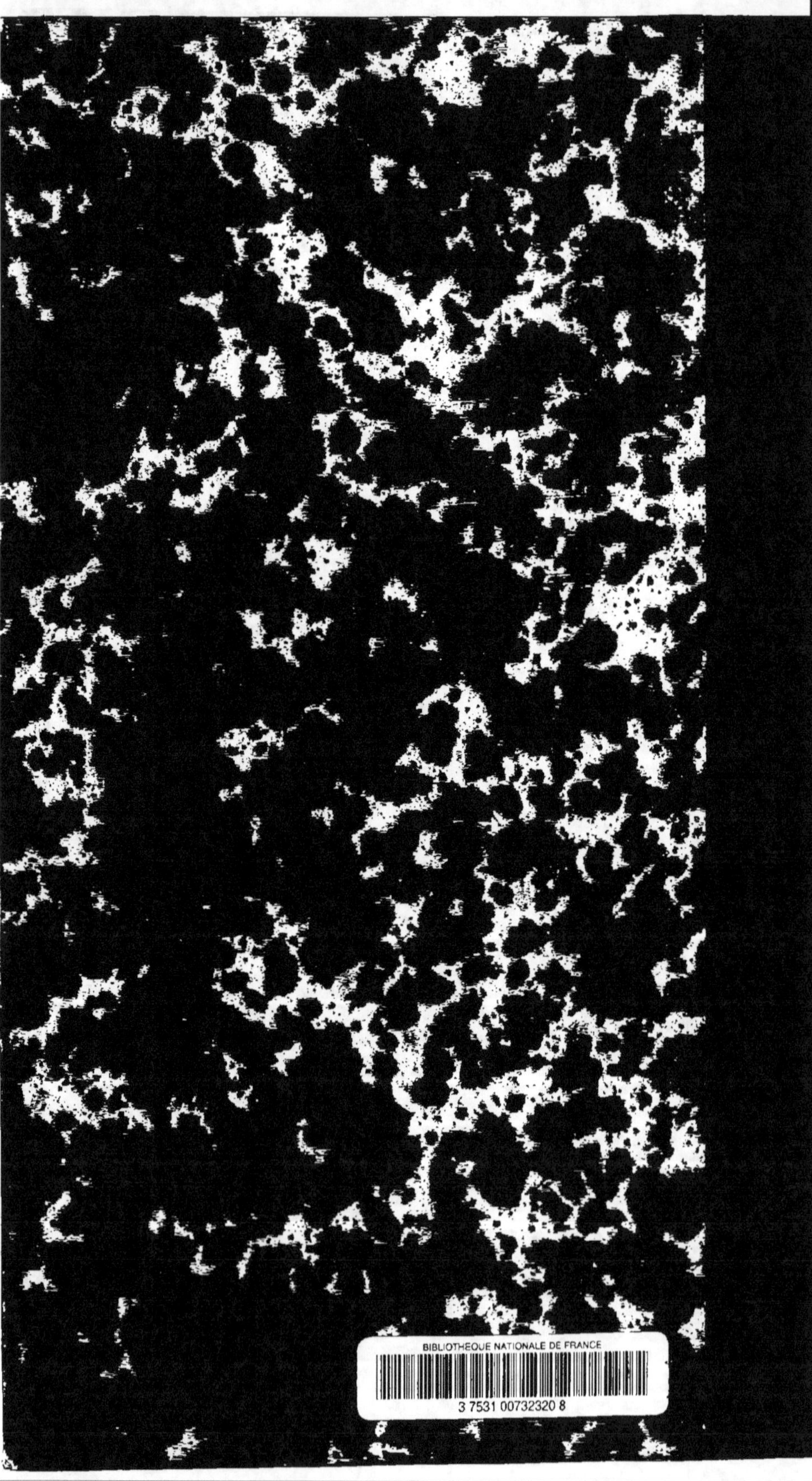